BOURG DE L'ÉGALITÉ.

Ce 8 mars 1793 , l'an 2 de la république.

Les *ADMINISTRATEURS du Directoire et Procu-*
reur-Syndic du District du Bourg de l'Égalité,
aux *OFFICIERS MUNICIPAUX.*

Le procureur - général - syndic du département , par sa lettre du 2 de ce mois , nous
invite à convoquer, dans le plus bref délai,
les assemblées communales, pour procéder
au renouvellement de toutes les municipalités
de l'arrondissement du district, conformément
à l'article XII de la loi du 19 octobre dernier.
Nous allons vous indiquer la marche que vous
tiendrez pour l'exécution de cette lettre.

Vous convoquerez , dimanche 10 mars ,
présent mois, pour le dimanche suivant 17
du même mois, tant par publication au prône,
que par affiches aux portes des églises, et
autres lieux accoutumés, l'assemblée des citoyens de votre commune, pour procéder
au renouvellement du maire, des officiers
municipaux, du procureur de la commune

A

et des notables , en exécution de l'art. **XII** du décret du 19 octobre dernier.

La distinction des Français en citoyens actifs et non actifs étant supprimée par l'article II de la loi du 12 août dernier, il suffira, pour être admis à l'assemblée, d'être Français, âgé de 21 ans, domicilié depuis un an, vivant de son revenu ou du produit de son travail, et de ne pas être en état de domesticité.

D'après un arrêté du directoire de département, du 10 janvier dernier, il suffit d'être domicilié sur le territoire français depuis un an, pour voter dans les assemblées primaires, *et par conséquent dans les assemblées de communes.*

Il est à observer que, pour pouvoir être élu, il faut réunir la majorité de 25 ans à toutes les conditions qui viennent d'être détaillées. Cette majorité étoit requise par le paragraphe premier de l'instruction de l'assemblée nationale du 14 décembre 1789, et elle vient d'être provisoirement maintenue pour l'exercice des droits et fonctions politiques, par le décret du 31 janvier aussi dernier, interprétatif de l'article premier, section première, titre IV de la loi du 20 septembre dernier.

(3)

Il n'y aura que deux tours de scrutin dans toutes les élections, pour lesquelles la loi jusqu'ici en admettoit trois. En conséquence, quand il s'agira d'une élection au scrutin individuel, et que le premier tour de scrutin n'aura pas produit la majorité absolue, le second tour n'aura lieu qu'entre les deux candidats qui auront obtenu le plus de voix; et s'il s'agit d'une élection par scrutin de liste simple, et qu'il faille aller à un second tour de scrutin, la majorité même relative, produite par ce second tour de scrutin, déterminera l'élection. *Art. VIII du décret du* 19 *octobre dernier.*

Le scrutin iediduel est celui par lequel on vote séparément sur chacun des sujets à élire en recommençant autant de scrutins particuliers qu'il y a de nominations à faire.

Le scrutin de liste simple est celui par lequel on vote à-la-fois sur tous les sujets à élire, en écrivant dans le même billet autant de noms qu'il y a de nominations à faire.

L'élection à la pluralité relative des suffrages est celle par laquelle il suffit d'avoir obtenu plus de voix que ses compétiteurs, quoique ce plus grand nombre de voix obtenues ne s'élève pas à la moitié du nombre total des suffrages. Ainsi de douze votans, cinq nomment A, quatre nomment B, les trois autres nomment C; il faudroit sept voix réunies sur A, pour qu'il fut élu à la pluralité absolue, mais il est élu par cinq voix à la pluralité relative, parce qu'il en a une plus que B, et deux plus que C.

La séance sera ouverte en présence d'un citoyen chargé par le corps municipal d'expliquer l'objet de la convocation. *Art. VIII du décret du 14 décembre 1789. Un membre de l'assemblée fera les fonctions de secrétaire provisoire.*

L'assemblée procédera, dès qu'elle sera formée, à la nomination d'un président et d'un secrétaire. Il ne faudra, pour cette nomination, *que la simple pluralité relative des suffrages en un seul et même scrutin de deux noms,* lequel sera recueilli et dépouillé par les trois plus anciens d'âges. *Art. X du même décret.*

Après la nomination du président et du secrétaire, l'assemblée nommera, *à-la-fois et par un seul et même scrutin de trois noms,* à la *pluralité relative des suffrages,* trois scrutateurs chargés d'ouvrir tous les scrutins subséquens, de les dépouiller, de compter les voix et de proclamer les résultats.

(5)

Les trois plus anciens d'âge recevront
encore, ouvriront et dépouilleront le scrutin
pour la nomination des trois scrutateurs.

Instruction de l'assemblée nationale du 14 décembre 1789. Paragraphe premier.

L'assemblée étant ainsi constituée, le président et le secrétaire prêteront le serment
décrété le 3 septembre dernier, de maintenir
de tout leur pouvoir la liberté, l'égalité, la
sûreté des personnes et des propriétés, et de
mourir, s'il le faut pour l'exécution de la
loi. Le président fera ensuite prêter à l'assemblée le même serment.

Ensuite l'assemblée procédera aux nominations dans l'ordre et ainsi qu'il suit :

Le maire sera élu *par un scrutin individuel
(c'est-à-dire par l'inscription d'un seul nom sur
le bulletin), à la pluralité absolue des suffrages.
Art. XVI du décret du 14 décembre 1789.*

Si le premier tour de scrutin ne produit
pas la majorité absolue, le second tour n'aura
lieu qu'entre les deux candidats qui auront
obtenu le plus de voix. *Art. VIII du décret
du 19 octobre 1789.*

Et si enfin il y avoit égalité de suffrages,

le plus âgé seroit préféré. *Art. XVI du décret du 14 décembre 1789.*

Les officiers municipaux seront élus *au scrutin de liste simple ; c'est-à-dire que sur le même bulietin il sera inscrit autant de noms qu'il y aura d'officiers municipaux à élire.*

Ceux qui auront obtenu *la pluralité absolue* au premier tour de scrutin, seront définitivement élus.

S'il reste des places à remplir, pour lesquelles aucun sujet n'a eu *la pluralité absolue*, on fait un second tour de scrutin, toujours *de liste simple ; et la pluralité relative des suffrages* suffit, cette seconde fois, pour déterminer l'élection.

Les parens et alliés aux dégrés de père et de fils, de beau-père et de gendre, de frère et de beau-frère, d'oncle et de neveu, ne pourront être en même temps membres du même corps municipal. *Art. XII du même décret du 14 décembre 1789.*

Les citoyens qui occupent des places de judicature ne peuvent être en même temps membres des corps municipaux. *Art. XIV du même décret.*

Les membres des administrations de département et de district ne peuvent être en même temps membres des corps municipaux.

Les évêques, les curés et les vicaires pourront, comme citoyens, assister aux assemblées primaires et électorales, et *à plus forte raison aux assemblées de communes*, y être nommés électeurs, députés aux législatures, membre du conseil général de la commune, *c'est-à-dire notables seulement*, membres du conseil des administrations de district et des départemens : mais leurs fonctions sont déclarées incompatibles avec celles de maire *et autres office municipaux*, et des membres de directoire de district et de département ; et s'ils étoient nommés, ils seroient tenus de faire leur option. *Loi du 24 août 1790, titre 4, art. VI.*

Les citoyens qui, par l'événement du scrutin, auront été nommés membres du corps municipal, seront proclamés par les officiers municipaux en exercice. *Art. XXII du décret du 14 décembre 1789. La proclamation du procureur de la commune & des notables, se fera de la même manière.*

Le rang de proclamation sera réglé entre tous les membres élus, à raison du plus ou du moins grand nombre de suffrages, que chacun d'eux aura obtenu, & en cas d'égalité de suffrages, par l'ancienneté d'âge. *Instruction du 14 décembre 1789, paragraphe premier.*

Les membres des corps municipaux seront au nombre de trois y compris le maire, lorsque la population sera au-dessous de 500 âmes.

De 6 y compris le maire, depuis 500 âmes, jusqu'à 3000 âmes.

De 9 depuis 3000 jusqu'à 10,000. *Art. XXV du décret du 14 décembre 1789.*

Le procureur de la commune, sera nommé *au scrutin individuel, à la pluralité absolue des suffrages*, dans la forme et selon les règles prescrites ci-dessus pour l'élection du maire. *Art. XXVIII du décret du 14 décembre 1789.*

Il sera nommé un nombre de notables, double de celui des membres du corps municipal, de manière que dans les communes où il y aura trois officiers municipaux (*le maire compris*) il faudra six notables; qu'il en faudra douze ou il y aura six officiers municipaux et ainsi de suite.

L'élection des notables sera faite *à la pluralité relative des suffrages, & par un scrutin de de liste simple; c'est-à-dire qu'il sera inscrit sur les bulletins autant de noms qu'il y aura de notables à élire.*

Ces notables lorsqu'ils seront réunis aux membres du corps municipal (*dans les cas déterminés par les décrets*) formeront le conseil général de la commune.

Le maire, les autres membres du corps municipal, le procureur de la commune ne pourront entrer en exercice de leurs places, qu'après que le corps municipal sortant aura reçu leur serment (*celui décrété le 3 septembre dernier et qui est ci-dessus rapporté.*) *Instruction de l'assemblée nationale du 14 décembre 1789, paragraphe troisième; les notables pêreront le même serment, ès-mains du corps municipal sortant.*

Les conseils généraux des communes, après leur renouvellement procéderont à celui de leurs secéttaires greffiers, *Art. IV du décret du 19 octobre dernier.* Ceux qui seront nommés prêteront serment de remplir fidèlement leurs fonctions, et pourront être changés, lorsque les conseils généraux convoqués à cet effet, l'auront jugé convenable à la majorité des voix. *Décret du 14 décembre 1789 ; titre XXXII.*

Les conseils généraux pourront aussi , suivant les circonstances, nommer un trésorier, en prenant les précautions nécessaires pour la suteté des fonds , ce trésorier pourra être changé comme le secrétaire greffier. *Art. XXXIII,*

Tous fonctionnaires publics dont le renouvellement est ordonné , pourront être réélus. *Art. V du décret du 19 octobre 1789.*

Je vous invite à faire faire une lecture publique de ma lettre dans l'assemblée , lorsqu'elle aura lieu, son secrétaire voudra bien m'envoyer expédition entière et correcte d uprocès-verbal des élections.

LABROC *président*, GERVOISE *vice-président*, POUSSIN, GIRARD *et* DELAITRE , *administrateurs*, DESRUES *procureur-syndic.*

De l'Impr. de veuve HÉRISSANT, Impr. du District du Bourg de l'Égalité, rue Neuve-N.-D. 1793.